Secretos para una piel joven

Emma Scott

Índice

Cap.1 Conceptos básicos
Cap.2 Cuidados de la piel
Cap.3 Envejecimiento
Cap.4Curas y remedios naturales
Cap.5 Manchas en la piel
Cap.6 Mascarillas faciales caseras

Capítulo 1
Conceptos básicos

La piel es el órgano humano más grande, cubre un área de unos dos metros cuadrados y puede pesar hasta 10 kg. Actúa como una barrera protectora del ambiente externo y mantiene la homeostasis interna.

Funciones:

Importancia social: apariencia y rasgos distintivos de una persona

Protección: barrera protectora contra el ambiente externo como lesiones químicas o mecánicas y radiación ultravioleta, y mantenimiento de la homeostasis interna

Sensibilidad: sensible al dolor, tacto, presión y temperatura

Termorregulación: termorregulación a través de la dilatación y constricción de los vasos y la sudoración.

Metabolismo: síntesis de vitamina D (metabolismo de calcio y fósforo) con exposición a la luz solar

Anatomía de la piel:

La piel está formada por dos capas principales, la epidermis y la dermis, que se ubican sobre una capa adiposa denominada hipodermis (tejido subcutáneo). A su vez, la epidermis y la dermis están compuestas por subcapas. El área que ancla la epidermis a la dermis se denomina unión dermoepidérmica y es responsable del intercambio de oxígeno, nutrientes y productos de desecho entre la dermis vascularizada y la epidermis no vascularizada.

Epidermis

La epidermis es un epitelio córneo escamoso de varias capas, generalmente de 0,03 a 0,05 mm de espesor, y está compuesta principalmente por queratinocitos en etapas progresivas de diferenciación desde las capas más profundas a las más superficiales. A medida que los queratinocitos se dividen, pasan de la capa más profunda a la más superficial. Cuando alcanzan la capa córnea, que es la más externa, se eliminan durante el proceso de recambio epidérmico, por ejemplo, después del baño o al frotarse. Este proceso se llama "peeling". Un recambio epidérmico completo ("renovación de la piel") tarda unos 2 meses.

Dermis

En comparación con la epidermis más delgada, la dermis es una red compleja que incluye componentes celulares y no celulares. Contiene vasos sanguíneos, nervios, raíces capilares y glándulas sudoríparas. Estructuralmente, la dermis se compone de dos subcapas: la dermis papilar superficial y la dermis reticular más profunda. El circuito vascular de la dermis papilar aporta nutrientes y oxígeno a la epidermis. El colágeno, contenido principalmente en la dermis reticular, es la principal proteína estructural de la dermis y de él depende la buena salud y juventud de la piel. La elastina, otra proteína importante de la piel, le da su elasticidad.

Los fibroblastos son las principales células de la dermis y se encargan de la síntesis y degradación de las proteínas dérmicas (colágeno y elastina). Otras células de la dermis son los macrófagos y los linfocitos, que forman parte del sistema inmunitario.

Hipodermis (tejido subcutáneo)

La hipodermis forma la base de la epidermis y la dermis y se compone principalmente de tejido conjuntivo laxo y lóbulos adiposos. Contiene vasos sanguíneos y nervios que son más anchos que los que se encuentran en la dermis. La hipodermis es principalmente un aislante y sirve como almacén de energía.

Capítulo 2
Cuidados de la piel

Sugerencias para una piel sana

El buen cuidado de la piel, como la protección solar y la limpieza suave, puede mantener la piel sana y radiante.

¿No tienes tiempo para el cuidado intensivo de la piel? Todavía puedes mimarte siguiendo los conceptos básicos. Un buen cuidado de la piel y elegir un estilo de vida saludable pueden ayudarte a retrasar el envejecimiento natural y prevenir diversos problemas de la piel.

Comience con estos cinco consejos sensatos:

1. Protéjase del sol
Una de las formas más importantes para cuidar la piel es protegerla del sol. Una vida de exposición al sol puede provocar arrugas, manchas de la edad y otros problemas de la piel, así como un aumento del riesgo de cáncer de piel.

Para obtener la protección solar más completa:

• **Use protector solar**. Utiliza un protector solar de amplio espectro que tenga un factor de protección solar de, al menos 15. Colócate abundante cantidad de protector solar, y vuelve a aplicarlo cada dos horas —o con más frecuencia si estás nadando o transpirando—.

• **Busque lugares con sombra**. Evita el sol entre las 10 de la mañana y las 4 de la tarde, cuando los rayos solares son más intensos.

• **Use ropa de protección**. Protege la piel con prendas de tejidos ajustados y mangas largas, pantalones largos y sombreros de ala ancha. También ten en cuenta los productos para lavandería que pueden proporcionarle a la ropa una capa adicional de protección ultravioleta durante una cantidad determinada de lavados, o prendas especiales para protegerte del sol, que están especialmente diseñadas para bloquear los rayos ultravioletas

2. No fume

Fumar le da a tu piel un aspecto avejentado y contribuye a la formación de arrugas. Fumar estrecha los pequeños vasos sanguíneos que se encuentran en las capas más superficiales de la piel, lo que disminuye el flujo sanguíneo y da un aspecto más pálido a la piel. Esto también elimina el oxígeno y los nutrientes que son importantes para la buena salud de la piel.

Fumar también daña el colágeno y la elastina, las fibras que le aportan fortaleza y elasticidad a la piel. Además, las expresiones faciales reiteradas que haces cuando fumas, por ejemplo, fruncir los labios al inhalar y entrecerrar los ojos para exhalar el humo, pueden contribuir a la formación de arrugas.

Además, fumar aumenta el riesgo de carcinoma espinocelular. Si fumas, dejar de hacerlo es la mejor manera de protegerte la piel. Pídele a tu médico consejos o tratamientos que te ayuden a dejar de fumar.

3. Trate su piel con suavidad
La limpieza y el afeitado diario pueden perjudicar tu piel. Para tratarla con suavidad:

- **Limita la duración del baño**. El agua caliente y las duchas o baños prolongados eliminan los aceites naturales de la piel. Limita la duración del baño o de la ducha y usa agua tibia en lugar de agua caliente.

- **Evita los jabones fuertes**. Los jabones y detergentes fuertes pueden eliminar los aceites naturales de la piel. En su lugar, usa limpiadores suaves.

- **Aféitate con cuidado**. Para proteger y lubricar la piel, aplica crema, loción o gel de afeitar antes de afeitarte. Para una afeitada más al ras, usa una afeitadora limpia y afilada. Aféitate en la dirección en que crece el pelo, no a contrapelo.

- **Sécate con golpecitos**. Después de lavarte o bañarte, sécate la piel suavemente con una toalla dando pequeños toques para que quede algo de humedad en la piel.

- **Humecta la piel seca**. Si tienes piel seca, usa un humectante que se adapte a tu tipo de piel. Para el uso diario, considera un humectante que contenga factor de protección solar.

4. Lleve una dieta saludable

Una dieta saludable puede ayudarte a verte y sentirte mejor. Come muchas frutas, verduras, granos integrales y proteínas magras. La asociación entre la dieta y el acné no está clara, pero algunas investigaciones sugieren que una dieta con alto contenido de aceite de pescado o suplementos de aceite de pescado y baja en grasas no saludables y carbohidratos procesados o refinados podría promover una piel más joven. Beber mucha agua ayuda a mantener la piel hidratada.

5. Controle el estrés

Cuando el estrés está fuera de control, la piel, generalmente, se vuelve más sensible y se pueden desencadenar brotes de acné y otros problemas cutáneos. Para fomentar una piel sana, y un estado de ánimo sano, toma medidas para controlar el estrés. Duerme lo suficiente, fija límites razonables, recorta tu lista de tareas pendientes y encuentra tiempo para hacer las cosas que disfrutas. Los resultados podrían ser más significativos de lo que esperas.

Rutina de cuidado diario:

El cuidado diario de la piel es un requisito fundamental para su salud y belleza. Los productos para el cuidado de la piel correctamente seleccionados pueden prevenir los primeros signos de envejecimiento de ella, la aparición de arrugas y la flacidez de la piel. Pero, ¿cómo debe ser una rutina de cuidado diario?

Cuidado básico de la piel del rostro

Durante el día, se acumula mucha suciedad en la superficie de la piel invisible a simple vista. El maquillaje, el polvo y las partículas de polvo se depositan en la superficie y obstruyen los poros. Las glándulas de la piel excretan grasa, que normalmente hidrata la piel y regula el valor del pH.
Si se altera el equilibrio lipídico de la piel o si no se la cuida adecuadamente a diario, pueden surgir toda una serie de problemas:

* Poros obstruidos
* Inflamación y acné
* Deterioro de la respiración y la nutrición de la piel
* Pérdida de elasticidad
* Arrugas, etc.

Una buena rutina diaria de cuidado de la piel consta de varios pasos.
Los productos deben seleccionarse en función de la edad, el tipo de piel y la presencia e intensidad de las imperfecciones de la piel.

¿Por qué se debe limpiar y tonificar la piel?

Los pasos más importantes en el cuidado de la piel son la limpieza y la tonificación. Estos deben hacerse dos veces al día. La rutina diaria de cuidado en el hogar depende de la condición de la piel.

La limpieza es un paso importante en el mantenimiento. El uso de maquillaje y cosméticos sin una limpieza previa no es efectivo: la piel y los poros se contaminan, provocando la aparición de granos y pequeñas imperfecciones. Incluso si no usas maquillaje, debes limpiar tu piel.

El cuidado diario de la piel en el hogar no puede prescindir de la limpieza. Durante la noche, la piel produce sebo intensamente. El tratamiento de la mañana ayuda a eliminar el exceso de sebo y prepara la piel para la crema de día.

El cuidado facial diario adecuado siempre incluye la limpieza de la suciedad y los residuos de maquillaje por la noche. Después de la limpieza, la piel es capaz de absorber los nutrientes contenidos en las cremas. Como regla general, es necesario usar productos especiales para limpiar la delicada piel alrededor de los ojos.

Entonces, ¿por qué limpiar y tonificar? Normalmente, el pH de la piel humana es de 3,5 a 5,5. La piel está cubierta por un manto lipídico, el llamado manto ácido protector. El lavado detiene la acidez de la piel, ya que los productos a menudo contienen álcali. Después de un tiempo, la piel puede restaurar el pH por sí sola, pero un tónico puede ayudar a acelerar este proceso.

Tu rutina diaria de cuidado de la piel debe incluir la tonificación. Los tónicos sirven para varios propósitos:

- Ayuda a neutralizar los efectos de los detergentes
- Estabiliza el pH de la piel después de la limpieza
- Preparar la piel para la aplicación de la crema
- Mejorar la penetración de los nutrientes en las capas profundas de la piel.

El cuidado diario de la piel de la cara y el cuello se basa en el uso de un tónico por la mañana y por la noche. El tónico restaura el pH y elimina la sensación de tirantez. El efecto reafirmante es inmediato: la piel se vuelve húmeda y aterciopelada, los poros se contraen, la inflamación se reduce.

¿Cómo encontrar los productos para el cuidado de la piel adecuados para usted?

La rutina diaria del cuidado en el hogar es individual. No debe ignorar los consejos de su esteticista y elegir sus propios productos. Incluso si estos productos son adecuados para su novia/hermana/madre, no significa que sean universales.

El cosmetólogo debe elegir productos para el cuidado diario de la piel según el tipo y condición de la piel, la edad y la presencia de imperfecciones.

¿Cómo cuido mi piel dependiendo de mi tipo de piel?

Las pieles grasas y mixtas sufren una producción excesiva de sebo. La piel se caracteriza por un brillo aceitoso característico, particularmente evidente en la nariz, la frente y el mentón.

El cuidado diario de la piel con problemas se basa en el uso de productos con una consistencia de mousse que se puede lavar con agua. Dichos productos no alteran el equilibrio de la piel. Los productos abrasivos no deben usarse para el cuidado de la piel con problemas, ya que limpian agresivamente la piel y traumatizan la epidermis.

El cuidado diario de la piel problemática se basa en una regla fundamental: la limpieza correcta. La piel debe tratarse con geles finos y exfoliantes. Eliminan la suciedad y las partículas muertas de la epidermis, limpian los poros y evitan la obstrucción de las glándulas sebáceas. El cuidado diario de la piel problemática debe incluir un tónico refrescante. Los productos deben contener mucha humedad, pero no ser demasiado grasosos.

La piel mixta se caracteriza por la combinación de dos tipos de piel. La llamada zona T se caracteriza por un brillo aceitoso, a menudo con lesiones inflamatorias. Hay parches secos en el área de las mejillas. La piel mixta suele ser intransigente en verano y se seca rápidamente en invierno. ¿Cómo debe ser una rutina diaria de cuidado de la piel en el hogar?

¡No hay necesidad de usar diferentes productos para diferentes partes de la cara! Hoy en día, los cosméticos se han desarrollado para pieles mixtas. El cuidado diario de la piel consiste en el uso de tónicos suaves y cremas no grasas. Las toallitas matificantes pueden eliminar el exceso de grasa en la zona T y los tónicos pueden normalizar el equilibrio del pH de la piel.

La piel seca sufre de falta de sebo e hidratación. La piel aparece fina, lisa y áspera. La piel seca es propensa a las arrugas prematuras. Los productos con una textura rica y aceitosa pueden restaurar la comodidad y la belleza de su piel.

El consejo de la esteticista para el cuidado de la piel seca se basa en la hidratación y los nutrientes. El cuidado diario en casa de la piel seca implica el uso de productos con delicadas propiedades hidratantes.

Un tratamiento diario para la piel seca debe incluir leche suave, tónico suave y cremas nutritivas con extractos de plantas. Estos productos le dan a su piel un aspecto saludable y radiante. Los productos que contengan alcoholes irritantes y partículas abrasivas deben evitarse en el cuidado diario de la piel seca.

El cuidado diario de la **piel envejecida** tiene sus propias peculiaridades. No es raro que las mujeres mayores de 35 años experimenten pérdida de elasticidad, líneas finas, sequedad y flacidez de la piel.

El cuidado diario de la piel a los 35 se basa en compensar la falta de colágeno y elastina y estimular la regeneración celular. Por supuesto, no es posible detener el proceso de envejecimiento. Pero se pueden ralentizar significativamente. El cuidado diario de la piel después de los 45 años debe consistir en productos que contengan ácido hialurónico y colágeno.

Los cosméticos antiedad hacen que la piel esté más firme, y más cuidada.

Lo que necesita para su rutina diaria de cuidado de la piel

La secuencia de cuidados faciales cambia cada día según la maduración del cuerpo:

20+. Durante este período se desencadenan los procesos de envejecimiento y aparecen los primeros signos de madurez de la piel. El cuidado diario a partir de los 25 años se basa en el uso de productos hidratantes y antioxidantes. La piel sigue siendo flexible y se regenera activamente. Por lo tanto, después de los 25 años, la rutina diaria de cuidado de la piel se limita al uso de limpiadores y productos para el cuidado de la piel.

30+. A esta edad, la producción de ácido hialurónico y fibras de colágeno disminuye significativamente y la piel pierde firmeza. En la piel aparecen arrugas, signos de deshidratación y flacidez. Las recomendaciones de las esteticistas para el cuidado de la piel a partir de los 35 años se basan en el uso de cremas con antioxidantes y protección UV, así como fórmulas antiedad con ácido hialurónico.

40+. El cuidado diario de la piel después de los 45 es una lucha compleja contra los cambios relacionados con la edad. A los 45 años, la piel muestra signos de envejecimiento, pigmentación, cambios en los contornos del rostro y pérdida de elasticidad. Cuando se trata del cuidado de la piel, los cosmetólogos aconsejan a las personas mayores de 45 años que se abastezcan de productos de retinol, péptidos y ácido hialurónico en su bolsa de cosméticos.

50+. El cuidado diario de la piel de la cara en el hogar después de 50 años debe planificarse cuidadosamente. Durante este período, se observa un desequilibrio hormonal: se interrumpe la síntesis de colágeno, se reduce el tono de la piel. A partir de los 50 años, el cuidado del equilibrio es fundamental. Una esteticista recomienda fórmulas antiedad con potentes efectos para el cuidado a partir de los 55 años, diseñadas para compensar la falta de hidratación y fibras de colágeno.

¿Cómo es una rutina diaria de cuidado de la piel?

El cuidado diario de la piel para diferentes tipos de piel consta de algunos procedimientos esenciales:

Limpieza. Los productos de limpieza deben seleccionarse individualmente según el tipo de piel. Se prefieren productos con pH neutro y libres de tensioactivos (alcalinos).

Tonificación. Los tónicos cutáneos disuelven las células muertas de la superficie de la piel mediante una suave acción química, renovando la piel y devolviéndola brillante y fresca.

Humectantes. Los productos funcionan de dos maneras. Y las cremas modernas suelen combinar ambas. El primer método es la retención de agua. La glicerina y el ácido hialurónico de las cremas retienen las moléculas de agua. El segundo método es el "bloqueo de agua". Los aceites y las siliconas forman una película protectora sobre la superficie de la piel que evita que el agua se evapore. El uso de cremas es imprescindible como parte de una rutina diaria de cuidado de la piel paso a paso, independientemente de su tipo. La consistencia de la crema hidratante depende del tipo de piel. Cuanto más seca esté, más densa debe ser la crema. La piel alrededor de los ojos también debe ser considerada. Pídele consejo a tu esteticista sobre cómo cuidar la piel alrededor de los ojos.

Protección. El cuidado diario de la piel incluye el uso de productos con protección UV. Debe aplicarse sobre la piel expuesta antes de salir al aire libre.

Con qué frecuencia debe exfoliar y por qué

La limpieza es la parte más importante del cuidado facial. Sin este tratamiento, otros productos cosméticos son inútiles. La exfoliación puede limpiar profundamente la piel y hacerla suave y tierna.

Pero el cuidado facial diario no debe incluir la exfoliación. La intensidad de uso depende del tipo, condición y sensibilidad de la piel, edad y época del año. A menudo, un exfoliante de limpieza profunda se usa no más de una vez por semana.

Las reglas del cuidado facial diario no contemplan el uso constante de exfoliantes. Esto es indeseable desde el punto de vista de la función de la piel. La piel está programada para exfoliar naturalmente. Por lo tanto, es vital mantener estos procesos.

Utilice exfoliantes con partículas finas esféricas o semiesféricas para no dañar la piel. Las exfoliaciones deben aplicarse con movimientos circulares para que las células muertas de la piel puedan eliminarse suavemente. Las partículas de exfoliación más gruesas pueden lesionar y raspar la piel. Algunos exfoliantes contienen partículas que se disuelven con el uso. Esta limpieza es especialmente eficaz gracias a las enzimas contenidas en el peeling.

El cuidado diario de la piel grasa y el uso de peelings deben discutirse con su esteticista. Por ejemplo, con una erupción pustular en la piel, el exfoliante solo aumentará la inflamación y propagará la infección.

Capítulo 3
Envejecimiento

¿Cómo puedo evitar las manchas de la edad?

Para prevenir las manchas de la edad, es importante cuidar la piel a diario y proteger la epidermis de los efectos nocivos de los rayos UV.

Los productos para el cuidado diario del rostro son siempre cremas con factor SPF. Los productos deben utilizarse en las partes expuestas del cuerpo durante todo el año. En el calor del verano se recomienda utilizar productos con un factor de protección solar superior a 30, en el resto de meses cremas con un factor de protección solar de al menos 15.

Evite los cosméticos con retinol y vitamina A bajo el sol activo: causan enrojecimiento e irritación de la piel.

¿Por qué usar sueros?

El cuidado diario de la piel incluye el uso de sueros. Pero aún hoy siguen siendo un misterio para muchas personas. El abanico de posibilidades de los sérums es enorme:

- Hidratante y nutritiva para la piel
- Combate el acné y las manchas pigmentarias
- Eliminación de los signos de la edad, etc.

El suero contiene un concentrado de ingredientes activos que pueden resolver muchos problemas de la piel. La característica principal del sérum es que la profundidad de penetración de sus componentes es mucho mayor que la de una crema.

Los productos diarios para el cuidado de la piel difieren en su efecto:

Humectantes. Eliminan la inflamación en la piel. Estos sérums son imprescindibles para pieles sensibles y deshidratadas. Son especialmente útiles en climas cálidos cuando la piel sufre de falta de hidratación. Los sérums hidratantes suelen contener ácido hialurónico y glicerina. Deben aplicarse dos veces al día.

Calmante. Apto para piel sensible. Contiene extractos de hierbas, niacinamida y otros principios activos.

Tonificante. Elimina las células muertas de la piel. Los sueros se basan en ácido láctico, ácido salicílico y otros ácidos. Se utilizan sólo por la noche.

Antienvejecimiento. Reafirmante cutáneo, eliminación de flacidez y arrugas. Contienen retinol, vitamina C y antioxidantes.

Cuándo debe comenzar a usar productos antienvejecimiento

La rutina diaria del cuidado de la piel en el hogar depende mucho de su edad. Sin embargo, surge la duda de cuándo empezar a utilizar cosméticos antiedad. Es importante cuidar la juventud y la belleza de la piel desde edades tempranas. La primera "campana" sobre el uso de cosméticos antiedad: aparición de fracturas y pérdida de elasticidad.

El proceso de envejecimiento a menudo comienza a la edad de 25 años. Esto no quiere decir que la piel pierda repentinamente su aspecto fresco y aparezca arrugada. El envejecimiento es un proceso gradual y de largo plazo y depende de las características individuales de su cuerpo. Pero el proceso de envejecimiento es mucho más fácil de detener que combatir el envejecimiento profundo.

Las reglas del cuidado diario de la piel son individuales para cada persona. No existe un número universal para comenzar un régimen antienvejecimiento. Una rutina diaria de cuidado de la piel después de los 25 años debe basarse en las recomendaciones de su esteticista. El mejor consejo de su esteticista para el cuidado de la piel después de los 35 años es usar productos que humecten, protejan contra los rayos UV y mantengan el tono de la piel.

Si utiliza cremas antiedad de forma temeraria por miedo a "envejecer antes de tiempo", estos tratamientos no le servirán de nada. Los cosméticos antienvejecimiento funcionan donde se necesitan. Cuando la piel es joven, una crema antienvejecimiento nutre e hidrata la piel, pero no realiza su función directa. Los cosméticos antienvejecimiento deben usarse cuando sea necesario y siempre a tiempo.

Una rutina diaria de cuidado de la piel después de los 35 años no debe elegirse sola. Su esteticista le recetará los productos que mejor se adapten a su edad y estado de su piel.

Arrugas

Las arrugas son pliegues o surcos, que suelen ser muy desagradables, que se forman en la superficie de las pieles resecas y poco elásticas por el inexorable paso del tiempo.

Además del proceso natural de envejecimiento, factores genéticos y ambientales contribuyen a la aparición de arrugas. Se sabe, de hecho, que el tabaquismo, el alcohol, el estrés, la exposición a radiaciones lumínicas (tanto naturales como artificiales) o agentes químicos (incluidos los detergentes demasiado agresivos), así como las expresiones faciales acentuadas y los excesos en general, se encuentran entre los más fieles aliados del envejecimiento cutáneo.

Causas

Como se ha mencionado, la aparición de arrugas está ligada tanto al inevitable envejecimiento que depende sustancialmente de factores genéticos (envejecimiento intrínseco), como de factores externos y ambientales.

En la mayoría de los casos, este tipo de envejecimiento contribuye junto con la aparición de molestas imperfecciones como las arrugas.

La principal causa de la aparición de las arrugas hay que buscarla en la pérdida de estructura de la piel. De hecho, con el paso del tiempo y/o tras la exposición a determinados factores ambientales, las células de la piel disminuyen su actividad y sufren daños y alteraciones que conducen a la consiguiente pérdida de elasticidad, hidratación, tonicidad y firmeza de la piel.

Más concretamente, tras el envejecimiento, los fibroblastos presentes en la dermis disminuyen progresiva e inexorablemente su actividad, con la consiguiente reducción de la síntesis de fibras elásticas, fibras de colágeno y glicosaminoglicanos (los componentes fundamentales que ayudan a sostener la piel a través de la formación de una especie de andamiaje).

Las fibras elásticas y el colágeno ya formados, en cambio, se adelgazan y su estructura se altera, provocando una mayor "flacidez" de la piel. Al mismo tiempo, con el paso del tiempo se produce una reducción de la producción de sebo, lo que se traduce en un adelgazamiento de la película hidrolipídica que recubre la piel y un aumento de la deshidratación cutánea.

Los melanocitos también disminuyen su actividad, produciendo menos melanina y haciendo que la piel sea más sensible a la radiación UV y, por tanto, al fotoenvejecimiento.

Fotoenvejecimiento

El fotoenvejecimiento puede considerarse como el ejemplo clásico de envejecimiento extrínseco. De hecho, es causada por una exposición excesiva e incontrolada a la radiación UV (ya sea natural o artificial).

Este tipo de radiación, de hecho, favorece la formación de especies reactivas de oxígeno (radicales libres) en grandes cantidades, favoreciendo la aparición del envejecimiento que evoluciona mucho más rápido que el envejecimiento intrínseco.

Es bien conocido, de hecho, cómo las imperfecciones del tiempo, como las arrugas y las manchas en la piel, aparecen muy temprano en individuos que, por diversas razones, están intensamente expuestos a la radiación ultravioleta.

Tipos de Arrugas

Existen varios tipos de arrugas que pueden aparecer en el rostro como consecuencia de los procesos de envejecimiento de la piel.

A continuación, se ilustrarán las principales características de este tipo de imperfecciones:

- **Líneas de expresión**

El primer tipo de arrugas que entra en escena, a menudo ya a una edad temprana, es el de las llamadas "líneas de expresión". No son del agrado del bello sexo, pero a menudo se aprecian en la cara masculina, se deben a la contracción repetida de los músculos superficiales, utilizados, a menudo inconscientemente, para expresar sus emociones.

Los sitios clásicos de aparición son las áreas frontal y periocular (patas de gallo). A veces estas arrugas pueden disminuir o incluso retroceder espontáneamente cuando cesa el estado de reactividad psíquica que las produjo; más generalmente, sin embargo, tienden a acentuarse gradualmente con el paso del tiempo, favorecidas por cada nueva e inevitable contracción de los músculos mímicos. No es sorprendente que a las mujeres que querían prolongar su juventud se les aconsejara evitar las manifestaciones excesivas de felicidad o preocupación.

- **Arrugas del sueño**

Las arrugas del sueño son la consecuencia directa de adoptar posiciones particulares durante la noche. Inicialmente, desaparecen al poco tiempo de levantarse, pero con el tiempo tienden a volverse permanentes.

- **Arrugas gravitacionales**

Las arrugas gravitatorias se producen por la acción sobre la piel de la fuerza de gravedad, que favorece su descenso sobre los tejidos subyacentes. La aparición de este tipo de arrugas se ve favorecida por la atrofia del tejido adiposo subcutáneo y por las alteraciones de la estructura ósea que acompañan al envejecimiento, así como por la pérdida de tono, firmeza y elasticidad propia del paso del tiempo.

- **Arrugas actínicas**

Las arrugas actínicas son causadas principalmente, pero no exclusivamente, por la exposición a la radiación ultravioleta, por lo que representan la manifestación del fotoenvejecimiento descrito anteriormente. Este tipo particular de arruga le da a la piel una apariencia de "pergamino".

Tratamientos Médicos y Estéticos

En la actualidad, existen numerosos métodos para combatir las arrugas y retrasar al máximo su aparición, tanto en el ámbito estético como en el médico.

En este contexto, la investigación se ha desarrollado para contrarrestar el problema de las arrugas actuando sobre todos los factores que constituyen la causa, dando lugar así a la formulación de productos cosméticos y al desarrollo de técnicas estéticas y quirúrgicas capaces de contrastar -en una manera más o menos definitiva - este tipo de imperfecciones.

Por ejemplo, para combatir las líneas de expresión, la ciencia se ha preocupado por investigar sustancias capaces de limitar la respuesta muscular a los estímulos motores; es el caso, por ejemplo, de la toxina botulínica, utilizada por su capacidad de "paralizar" los músculos, dejándolos en un estado de completa relajación.

La cosmetología, por su parte, busca constantemente sustancias similares pero capaces de reproducir este efecto de una forma más segura, suave y perfectamente reversible.

Esta categoría de principios activos está flanqueada por cosméticos que intentan solucionar el problema de las arrugas expresivas de raíz, aportando a la piel elasticidad y evitando la pérdida de hidratación, estimulando la renovación celular y aportando sustancias útiles para el proceso de regeneración (agua, cuerpos grasos, ácido hialurónico, etc.).

Además, los productos antiedad aportan a la piel grandes cantidades de antioxidantes (esenciales para contrarrestar la acción de los radicales libres) y nutrientes, para aportar a la piel todas las sustancias que necesita para defenderse del proceso de envejecimiento.

En cuanto al fotoenvejecimiento, por otro lado, la prevención juega un papel primordial, por lo que es absolutamente necesario proteger la piel mediante el uso de filtros solares adecuados.

Al mismo tiempo, la medicina y la cirugía estética intentan solucionar el problema proponiendo soluciones que, a pesar de tener mayores costos e invasividad, son generalmente más efectivas. También en este caso podemos agrupar los tratamientos disponibles en las dos categorías principales vistas para la cosmética. Por un lado, se utilizan diferentes técnicas (químicas, varios tipos de láseres, microcristales y radiofrecuencias) para estimular el crecimiento de nuevas células, fibras de colágeno y elastina; por otro lado, se aprovecha el efecto de relleno que proporciona la inyección directa de sustancias como colágeno, ácido hialurónico y cuerpos grasos en las arrugas.

La cirugía estética, por su parte, puede intervenir con pequeñas cirugías (mini-lifting), para eliminar el exceso de piel, corregir la adiposidad y el grosor de los tejidos subyacentes.

Remedios para las Arrugas

Las arrugas son imperfecciones de la piel en todos sus aspectos, cuyo origen -además de depender del inexorable avance de la edad- está íntimamente ligado a factores genéticos y conductuales.

Las arrugas se forman porque...
1.   La cantidad de colágeno y elastina se reduce → ↓ fuerza, resistencia y elasticidad de la piel.

2.   Se reduce la síntesis de ácido hialurónico y otros glucosaminoglicanos → ↓ hidratación de la piel.

3.   Se reduce la síntesis de grasa y sebo subcutáneos → ↑ sequedad cutánea

Te recordamos que las arrugas, como todos los signos del envejecimiento de la piel, son un fenómeno fisiológico completamente inevitable. A pesar de lo dicho, la aplicación de algunos remedios naturales, conductuales y dietéticos puede frenar el "deterioro" estético propio de la edad madura.

Tener en cuenta: El material publicado está destinado a permitir un acceso rápido a los consejos generales, sugerencias y remedios que los médicos y los libros de texto suelen dispensar para el tratamiento de las arrugas; tales indicaciones no deben sustituir en modo alguno la opinión del médico tratante o de otros especialistas de la salud del sector que estén atendiendo al paciente.

Qué hacer:

• Seguir una dieta equilibrada, libre de excesos, rica en antioxidantes y vitaminas.

• Mantener la piel -especialmente la del rostro- nutrida e hidratada desde una edad temprana, eligiendo cosméticos y limpiadores adecuados a su tipo de piel. Este remedio puede prevenir la formación prematura de arrugas.

• Dedique parte de su tiempo a una actividad deportiva, que se practique regularmente casi todos los días. De hecho, el deporte fortalece los sistemas antioxidantes endógenos.

• Preferir cosméticos antiarrugas de calidad, capaces de devolver a la piel la elasticidad y la hidratación perdida; al mismo tiempo, los productos antiarrugas deben estimular la renovación celular aportando a la piel sustancias como el ácido hialurónico, colágeno, antioxidantes y cuerpos grasos

• Aliviar el estrés

•   Llevar siempre unas gafas oscuras es un buen remedio para retrasar la formación o acentuación de las arrugas alrededor de los ojos.

•   Dormir boca arriba para evitar favorecer la formación de líneas de expresión. De hecho, quien está acostumbrado a dormir boca abajo, abrazado a la almohada, tiende a mostrar más arrugas en la cara que quienes descansan boca arriba.

•   Mantener un peso saludable.

•   Usar un humidificador en casa puede prevenir la piel seca.

•   Busque atención médica si las arrugas aparecen en la cara a una edad temprana. Las arrugas son un fenómeno casi normal en sujetos maduros, pero, cuando alteran la armonía de los rasgos faciales durante la adolescencia, es necesaria la opinión de un médico

Qué no hacer

•   Los excesos en general, ya sean dietéticos o conductuales, favorecen la formación de antiestéticas arrugas en el rostro.

•   Fumar y beber alcohol: estas conductas favorecen y anticipan la formación de arrugas.

•   Exposición continua a los rayos UV del sol o lámparas de bronceado, especialmente sin protección.

• Tenga cuidado al aplicar cantidades generosas de base sobre las arrugas: algunos productos cosméticos utilizados como base para el maquillaje pueden acentuar la imperfección.

• Dietas yo-yo. Adelgazar y recuperar peso continuamente no ayuda a las arrugas (así como a la salud): cuando engorda unos kilos, la piel tiende a estirarse, mientras que, con la posterior pérdida de peso, que favorece la pérdida de elasticidad de la piel, la piel no puede volver al tamaño original. Por ello, es fundamental mantener un peso saludable.

• Limpieza excesiva del rostro con sustancias agresivas. Los jabones pueden resecar la piel: la deshidratación promueve las arrugas.

• Someterse a inyecciones de relleno para remediar las arrugas en caso de alergia /hipersensibilidad presunta o comprobada a las sustancias presentes en el relleno. También se recomienda no someterse a inyecciones de relleno durante el embarazo o la lactancia.

Qué comer

• Seguir una dieta regular, sana, equilibrada y sin excesos es un remedio alimenticio muy importante para frenar al máximo el proceso de envejecimiento de la piel.

• Consuma muchas frutas y verduras, ya que son ricas en antioxidantes. Parece que las vitaminas A, C y E pueden interferir de alguna manera con la formación de arrugas en la piel. La piel de los amantes de las frutas y verduras es visiblemente más elástica y joven que la de aquellos que no consumen estos alimentos de forma habitual.

•	Prefiera alimentos ricos en omega 3 y 6, como pescado, mariscos (por ejemplo, mejillones, almejas, ostras), almendras, nueces, tofu.

•	Jugo de arándano, poderoso antioxidante.

•	Caldos y carnes hervidas: los tejidos ricos en tejido conjuntivo son una excelente fuente de colágeno, pero pueden resultar indigeribles.

Qué NO comer

•	Evitar el consumo de alimentos de difícil digestión (frituras, alimentos ricos en grasas, comida chatarra, etc.) y el exceso de comida en general.

•	Evite el exceso de azúcares simples, especialmente antes de acostarse: la hiperglucemia crónica da como resultado la producción de compuestos de glicación de proteínas que alteran la estructura de los tejidos ricos en colágeno, incluida la piel.

Capítulo 4
Curas y remedios naturales

Los remedios naturales son una valiosa ayuda para retrasar el envejecimiento de la piel. Sin embargo, el máximo efecto antiarrugas que otorgan las cremas o lociones naturales solo se puede obtener mediante la aplicación constante y regular sobre la piel del rostro, todos los días y varias veces al día. Además, como se ha especificado varias veces, es necesario iniciar el tratamiento ANTES de la aparición de las arrugas, es decir, alrededor de los 25-30 años.

Las cremas más adecuadas para remediar las arrugas pueden formularse con principios activos con propiedades antioxidantes, emolientes e hidratantes:

•   **Resveratrol** (que se encuentra en la piel de la uva) → propiedades antioxidantes conocidas.

•   **Rutina** (glucósido flavonoico extraído de Ruta graveolens) → propiedades antioxidantes.

•   **Quercetina** (flavonoide presente en manzanas, aceitunas, uvas, cítricos, frutos morados) → propiedades antioxidantes

•   **Echinacoside** (glicósido fenilpropanoide, extraído de Echinacea angustifolia) → propiedades inmunoestimulantes, reparadoras, reafirmantes, regeneradoras y elastizantes.

• **Vitamina E** (la fuente principal está representada por el aceite de germen de trigo) → potente efecto antioxidante natural.

• **Cremas/aceites naturales** formulados con sustancias emolientes e hidratantes: aceite de almendras dulces, aceite de jojoba, manteca de karité, aceite de acai

Sustancias que actúan directamente sobre la dermis, aumentando la reafirmación cutánea: Retinol, Panax Ginseng, Centella Asiática, Derivados vegetales del Olivo, Aguacate, Soja, Algas.

Medicamentos y Cosméticos

• Toxina botulínica: actúa sobre las líneas de expresión provocando un bloqueo del impulso nervioso a los músculos, dejándolos en un estado de relajación permanente durante unos meses.

• Ingesta oral de complementos antiarrugas específicos, formulados por ejemplo con ácido hialurónico y colágeno marino hidrolizado.

• Si es necesario, complemente la dieta con un suplemento de omega 3 y 6. Sustancias como el aceite de semilla de borraja, aceite de pescado, aceite de hígado de bacalao, aceite de cáñamo, aceite de onagra, aceite de semilla de sésamo son particularmente ricas en ellos.

• Aplicación de cremas cosméticas formuladas con vitamina C. El ácido ascórbico es un potente antioxidante capaz de mantener la densidad óptima del colágeno cutáneo, ya que actúa como cofactor de dos enzimas esenciales (lisina y prolina hidroxilasa) en la biosíntesis del colágeno. Le recordamos, sin embargo, que el uso de preparados cosméticos con vitamina C como remedio antiarrugas está muy limitado por la escasa estabilidad del ácido ascórbico en presencia de agua y oxígeno.

• Aplicación de cremas cosméticas formuladas con enzimas de origen biotecnológico (ej. SOD, Superóxido dismutasa) + vitamina E + vitamina A. SOD es un remedio antiarrugas eficaz, ya que limita el daño del ADN causado por los rayos UV, previene la peroxidación de lípidos y la desnaturalización de proteínas.

• Aplicación de cremas formuladas con ácido lipoico, potente remedio antiarrugas con conocidas propiedades antiedad, reafirmantes y reparadoras de los daños causados por los rayos UV.

Prevención

• Prevenir las quemaduras solares es un buen consejo para dificultar la formación temprana de arrugas.

• Proteja siempre su piel del sol, incluso durante los meses de invierno.

•   Beber regularmente al menos 2 litros de agua al día promueve una correcta hidratación de la piel, evitando la sequedad y, por lo tanto, también las arrugas.

•   Seguir regularmente una dieta sana y equilibrada ayuda a posponer todos los signos del envejecimiento de la piel, incluidas las arrugas.

Tratamientos médicos

Muchas mujeres recurren a la cirugía o a la medicina estética para suavizar las arrugas, en un intento de parecer, al menos en apariencia, más jóvenes. Para ello, entre los tratamientos más conocidos y/o utilizados para remediar las arrugas, mencionamos:

1.   Inyecciones de toxina botulínica
2.

2.   Relleno (por ejemplo, relleno de ácido hialurónico): inoculación debajo de la piel de sustancias capaces de relajar, elastificar y rellenar la piel afectada por las arrugas.

3.   Lipofilling: estrategia estético-quirúrgica similar a la anterior. En este caso, la sustancia de "relleno" utilizada es la grasa, extraída de un sitio anatómico donde es especialmente abundante. El autotrasplante de grasa (grasa autóloga) cerca de las arrugas demuestra ser un remedio eficaz y extraordinario (bastante drástico).

4.   Estimulación de la renovación de nuevas células, fibras de colágeno y elastina mediante tratamientos químicos específicos (peelings químicos) o terapia láser.

5.   Lifting o cirugía plástica: cirugía estética encaminada a eliminar la acumulación de piel, corregir la adiposidad y el grosor de los tejidos subyacentes a las arrugas

Sérum facial antiarrugas: cómo debe ser y cómo funciona

La aparición de arrugas está ligada a la reducción de la cantidad de colágeno (de ahí las numerosas cremas de colágeno) y de elastina presentes en los tejidos, pero también a la disminución progresiva de la síntesis de ácido hialurónico (por eso las cremas faciales ácidas son muy populares) e importantes grasas subcutáneas.

La cosmética puede ayudarnos gracias a productos que pueden ralentizar el proceso de envejecimiento de la piel. Entre estos, uno de los más efectivos es sin duda el sérum antiarrugas.

El sérum facial antiarrugas es cada vez más utilizado tanto por su eficacia como por su simpatía, un parámetro poco científico que sin duda tiene su peso. Se trata de productos de textura fluida que contienen algunos remedios naturales típicos para las arrugas. Al usarse en rostro y cuello, actúan rápidamente, dando resultados importantes y evidentes en poco tiempo (no todos destinados a durar). Pruebe combinar el sérum con la aplicación de una mascarilla facial antiedad o una crema rellenadora antiarrugas.

Cómo aplicar el sérum antiarrugas

Para obtener los efectos deseados, debe utilizarse de forma constante a diario, en combinación con una buena crema antiarrugas. Estos cosméticos actúan en profundidad, gracias a las avanzadas tecnologías con las que están elaborados.

Deben aplicarse en rostro y cuello para los que también existen productos específicos, después de haber limpiado a fondo el rostro. Una pequeña cantidad es suficiente para extender, luego, con movimientos circulares. Tras la aplicación del sérum, se puede extender la crema facial. Están especialmente indicados para la temporada de invierno, mientras que en verano corren el riesgo, en algunos casos y con determinadas formulaciones, de apelmazar excesivamente la piel.

Las funciones del sérum antiarrugas son muchas: estos cosméticos aportan hidratación y elasticidad a la piel, tonifican y rellenan la epidermis, reducen los signos de la edad ya presentes, dan luminosidad, compactan la piel.

Cómo elegir un buen sérum antiarrugas

Con la amplia gama de productos que encontramos en farmacias y perfumerías, puede que no sea tan inmediato poder orientarse. Aquí hay algunos factores a considerar:

• **Precio**: Hay muchos tipos de sérums para cada precio, y no siempre el más caro es el más efectivo. Vale la pena elegir uno que tenga como objetivo tratar nuestro tipo de piel, sin preferir el más costoso.

• **INCI:** aprendamos a leer las etiquetas. El INCI es el nombre internacional que indica todos los ingredientes que están presentes en un producto cosmético. Los ingredientes se enumeran comenzando por el de mayor porcentaje, hasta el que se presenta en menor cantidad.

• **Problemas de la piel:** obviamente elegimos un sérum que sea específico para nuestra piel y sus imperfecciones. Un producto para pieles sensibles, deshidratadas y apagadas, antiedad o antimanchas.

Un buen sérum antiarrugas debe contener ingredientes como:

• Péptidos
• Retinol
• Antioxidantes, como la vitamina C
• Ácido hialurónico
• Niacinamida
• Resveratrol
• Alfa arbutina
• Ácido azelaico
• Exfoliantes
• Vitamina E

También es mejor elegir siempre un sérum y una crema que contengan filtros de protección solar, ya que los rayos UV se encuentran entre los principales causantes del envejecimiento de la piel.

Diferencias entre cremas y sérum antiarrugas

En comparación con las cremas, el sérum tiene una consistencia más ligera, se absorbe más rápido en la piel, es fácil de aplicar con el gotero y solo una pequeña cantidad es suficiente para obtener principios activos específicos en profundidad.

Debe aplicarse antes de la crema hidratante y, si tiene acción reestructurante, también por la noche antes de acostarse.

Rutina antiarrugas recomendada

¿Cómo debe ser la rutina diaria de belleza antiedad? Estos son los pasos para no olvidar:

1.   **Limpiar la piel cada noche**, eliminando cualquier residuo de maquillaje, utilizando un limpiador específico y delicado. Una piel visiblemente envejecida y apagada debe lavarse con una crema limpiadora suave en lugar de una espumante y por tanto más agresiva.

2.   **Exfoliar semanalmente**: una exfoliación regular limpia y purifica los poros obstruidos, ilumina la piel y

estimula la circulación, además de eliminar las células muertas favoreciendo la renovación celular.

3.   **Aplique un suero facial antienvejecimiento** para ayudar a que la piel se sienta inmediatamente más suave, firme y fresca.

4.   **Hidrate con un producto antiedad específico**: las cremas antiarrugas están formuladas para reavivar el tono de la piel y estimular la renovación celular. No olvidemos hidratar no solo el rostro, sino también el cuello y el escote.

5.   **Use un contorno de ojos:** Ya sea un gel, un sérum o una crema, esta zona también muestra signos evidentes de envejecimiento, como ojeras, arrugas finas, patas de gallo y bolsas debajo de los ojos. Los sérums con ácido hialurónico, colágeno o elastina son perfectos.

6.   **Utilice un masajeador de ojos para aplicar la crema**: la punta del masajeador ayuda no solo a aplicar mejor el producto, sino que también realiza un suave masaje que desinflama los ojos, reduce las migrañas y la hinchazón.

7.   No olvides proteger tu piel de los rayos solares, y no solo en verano.

8.   Aplicar una crema antiedad para la noche.

Crema antiarrugas: cómo elegir la mejor

A partir de los 30 años, los expertos en cosmética recomiendan el uso de una crema antiarrugas que previene los signos de la edad y mantiene la piel tersa durante más tiempo.

Las cremas antiedad intervienen sobre el envejecimiento natural de la piel no deteniéndolo -lo que es imposible- sino frenando la aparición de las primeras arrugas y signos de la edad y, sobre todo, cuidando el rostro y el cuello de forma saludable. (para los que existen productos específicos).

El uso constante de una crema antiarrugas, posiblemente combinada con un suero antiarrugas o cremas antiarrugas de relleno, es el mejor hábito para amarse a uno mismo, mantener la piel joven, sentirse a gusto frente al espejo. Una crema antiarrugas queda bien cuando se coloca en una caja de belleza navideña, pero también cuando se incluye en una lista de regalos para los amantes del bienestar.

Crema antiarrugas, cómo funciona

Además de hidratar, mimar y calmar la piel, la crema antiarrugas es rica en antioxidantes y activos capaces de intervenir -sin riesgo- sobre los signos naturales del envejecimiento. La crema antiedad, por lo tanto, no hace milagros, pero es una ayuda preciosa para las mujeres, ya a partir de los 30 años e incluso antes. A medida que pasan los años, de hecho, el rostro comienza a disminuir la producción de colágeno, por lo que la piel se vuelve menos elástica y sujeta a la aparición de las llamadas arrugas.

La diferencia entre una simple crema hidratante de día y una crema con acción antiarrugas radica en la composición de sus principios activos, es decir, sustancias capaces de ejercer una acción encaminada a contrarrestar los daños causados por el estrés oxidativo, por el proceso natural de envejecimiento. En otras palabras, si queremos elegir una crema eficaz, no basta con comprar una crema hidratante, sino que debemos centrarnos en un producto que contenga principios activos antioxidantes, como son:

* ácido hialurónico,
* retinol,
* vitamina e,
* coenzima Q10.

En la crema también son útiles ingredientes como la elastina o el colágeno, sus proteínas fundamentales que con el paso de los años son cada vez menos producidas por los fibroblastos y precisamente esta baja producción provoca una flacidez cutánea que está en la base de la aparición de las arrugas.

Cuidado con la publicidad

Lo que cuesta más no siempre es más efectivo. Lo que realmente importa es el efecto que tiene un producto en nuestra piel. Por eso el consejo es leer atentamente la mezcla de ingredientes que contiene el producto, independientemente de su precio, aplicar la crema como se indica (normalmente por la mañana y por la noche) con un masaje sobre la piel que favorezca la penetración del producto. No cambie la crema al cabo de unos días sustituyéndola por otra porque para ver realmente qué resultados nos ofrece hay que usarla durante un mes aproximadamente.

Por último, recuerde que la mejor manera de combatir las arrugas es prevenirlas.

Capítulo 5
Manchas en la piel

Las manchas en la piel del rostro representan uno de los principales signos del envejecimiento cutáneo, provocado por el avance inexorable del reloj biológico.

Las manchas que aparecen en el rostro, de hecho, no siempre se deben al paso del tiempo, sino que pueden estar provocadas por otros factores de diferente origen y naturaleza.

El de las manchas en la piel del rostro es a veces un gran y evidente problema, que aqueja a muchas mujeres, pero también a muchos hombres. En estos casos, sólo el dermatólogo podrá orientar al paciente hacia el tratamiento más adecuado a las necesidades del sujeto.

En este capítulo analizaremos y describiremos brevemente los principales tipos de manchas que pueden aparecer en la piel del rostro y los remedios relacionados disponibles actualmente para tratarlas.

Causas

Como se mencionó, los factores etiológicos que desfiguran la piel de la cara causando manchas pueden ser diferentes. La edad, de hecho, no es la única causa que las determina. Entre los otros factores responsables de la aparición de estas imperfecciones, recordamos:

•   Enfermedades infecciosas y no infecciosas (como, por ejemplo, pitiriasis versicolor, cuperosis, vitíligo, pitiriasis alba, etc.).

•   Factores genéticos y hereditarios (pecas).

•   Factores hormonales (melasma y cloasma, este último también conocido como "máscara de embarazo").

•   Medicamentos (después de tomar algunos tipos de medicamentos, de hecho, pueden aparecer manchas en la piel de la cara).

•   Elementos o productos irritantes (después del contacto con irritantes, pueden aparecer manchas en la piel de la cara).

Las manchas de color oscuro en la piel del rostro son, en la mayoría de los casos (pero no siempre), consecuencia de alteraciones en el funcionamiento de los melanocitos -las células involucradas en la producción del pigmento melánico- que producen cantidades alteradas de dicho pigmento. De esta forma, la distribución de la melanina no parece uniforme y el rostro se cubre de manchas y decoloraciones. También en este caso, la motivación de esta producción alterada puede tener diferente origen y naturaleza.

Lentigo senil

Los lentigos seniles son manchas en la piel debidas a la producción desigual de melanina, el pigmento marrón que da color a la piel.

Los léntigos seniles se presentan como manchas oscuras aisladas, en su mayoría de forma redondeada, localizadas en las zonas más expuestas al sol, especialmente en las manos, el escote y la cara. Sin embargo, los lentigos seniles no se manifiestan tras una exposición prolongada a los rayos solares; de hecho, como la propia palabra sugiere, designan una condición ligada al envejecimiento, también (pero no únicamente) como consecuencia de exposiciones solares repetidas a lo largo de los años.

Causas

La capa córnea de la epidermis, la más superficial, está continuamente expuesta a las radiaciones ultravioleta, que a la larga favorecen el engrosamiento de la piel, el envejecimiento cutáneo y la hiperpigmentación de las capas superficiales de la piel, por exceso de producción y depósito del pigmento melánico. La sinergia de estos factores facilita la formación de lentigos seniles.

Características

Las zonas afectadas por lentigos seniles, en general, presentan una densidad aumentada de las células implicadas en la producción de melanina (melanocitos), con acumulación local anormal del pigmento, que se hace aún más evidente por la transparencia de la piel, cada vez más frágil a lo largo de los años. Paradójicamente, si la piel de los ancianos tiende a engrosarse, las zonas afectadas por lentigos seniles tienden a adelgazarse.

Los lentigos seniles son un efecto del fotoenvejecimiento: no en vano, la aparición de las manchas casi siempre coincide con la menopausia, época que ya de por sí es problemática para las mujeres. Sin embargo, también afectan a hombres mayores; lo que cambia entre los dos sexos es la relación personal con el defecto de la piel: para las mujeres a menudo representa un verdadero trastorno, que también puede conducir a trastornos psicológicos, mientras que en los hombres parecen ser mejor aceptados y tolerados.

Los lentigos seniles a menudo también están relacionados con fotoexposiciones agudas y crónicas pasadas: de hecho, la mayoría de los sujetos afectados por lentigos seniles afirman ser sensibles a la radiación de luz y haber experimentado trastornos de la piel en el pasado relacionados con la exposición prolongada a los rayos. sol.

Incidencia

Además, los lentigos seniles representan una condición que afecta preferentemente a sujetos de piel clara (fototipo I y II); esto no significa, sin embargo, que las manchas de la edad también puedan ocurrir en sujetos con una tez más oscura, que potencialmente resiste mejor la acción de los rayos ultravioleta.

Diagnóstico

Aunque no es un trastorno capaz de causar consecuencias graves, el diagnóstico del lentigo senil es muy importante, tanto para identificar qué tratamiento es necesario emprender para contrarrestarlo, como para descartar la presencia de otras enfermedades o incluso enfermedades graves, como tumores de la piel u otros trastornos de la pigmentación.

Por poner un ejemplo, no es raro que los lentigos seniles se malinterpreten como efélides (pecas), ya que a simple vista aparecen como manchas transitorias, que afectan especialmente a sujetos que se exponen al sol.

Tratamiento

Las manchas de la edad representan un fenómeno fisiológicamente irreversible, ya que son una condición relacionada con la edad; a pesar de ello, se pueden adoptar algunos tratamientos para aclarar las manchas, sujeto al consejo del médico o especialista.

De hecho, antes de someterse a cualquier terapia para combatir los lentigos seniles, es necesario y absolutamente imprescindible someterse a un control especializado, para descartar que los lentigos den lugar a formas patológicas o sean un aviso de formas tumorales malignas: en este caso, la extirpación quirúrgica y / o los tratamientos de quimioterapia representan dos posibles enfoques terapéuticos.

Tratamiento cosmético

El uso de cosméticos opacos representa una solución, aunque temporal, que reduce los lentigos solares.

Asociado a la cosmética con acción cubriente, el mercado de la cosmética antiedad ofrece una gran variedad de productos (cremas, sérums, mascarillas, etc.) que, además de ejercer una acción antiarrugas, están enriquecidos con ingredientes funcionales con acción aclarante, cuya finalidad es precisamente paliar los lentigos seniles.

Estos ingredientes ejercen su acción al interferir directamente con la síntesis de melanina, o con su transporte desde los melanocitos a las células superficiales de la piel.

Entre los principales agentes aclarantes utilizados en los productos antienvejecimiento también indicados para combatir el lentigo senil, recordamos el ácido kójico, el ácido azelaico, la glicirricina y la arbutina.
Sin embargo, debe recordarse que este tipo de tratamiento cosmético no es decisivo, ya que no elimina los lentigos seniles, pero -si se lleva a cabo con regularidad y constancia- definitivamente puede mitigarlos.

Tratamiento dermoestético

Si el tratamiento cosmético no es suficiente para paliar los lentigos seniles y/o si la imperfección crea una molestia sustancial al sujeto afectado, el dermatólogo puede recomendar algunos tratamientos dermoestéticos pseudo-invasivos, como láser terapia, crioterapia, dermoabrasión, diatermocoagulación o peelings químicos. En cualquier caso, en general, las técnicas resolutivas para el tratamiento de los lentigos seniles son las mismas que para los lentigos solares.

Prevención

Para evitar recurrir a tratamientos dermoestéticos incluso muy costosos, basta con adoptar ciertas conductas para prevenir la aparición del trastorno.

La prevención de los lentigos seniles debe comenzar a una edad temprana. De hecho, desde una edad temprana es una buena práctica aplicar siempre cremas protectoras con filtros solares en la piel, no solo antes de una exposición prolongada al sol (ya que los rayos UV siempre están presentes, incluso durante los meses fríos). De hecho, sin una protección adecuada de la piel durante la exposición solar, se favorece la aparición de decoloraciones cutáneas tanto a corto plazo (lentigo solar o pecas) como a largo plazo (lentigo senil). Por otro lado, al aplicar regularmente una crema protectora sobre la piel, se reduce el riesgo de envejecimiento prematuro de la piel; en consecuencia, la aparición de lentigos seniles en la edad adulta será menos probable.

Lentigo solar

Entre los trastornos que afectan la pigmentación de la piel, los lentigos solares son el resultado de una exposición solar excesiva y no regulada. De hecho, en la práctica clínica, los lentigos solares, como la mayoría de las manchas cutáneas, están estrechamente relacionados con la variabilidad estacional.

Son manchas que afectan la capa superficial de la epidermis; aparecen en el rostro y en las zonas más afectadas por la radiación lumínica.

Características

Aparecen como manchas de forma irregular, poco definidas y de tamaño variable: los lentigos solares, de hecho, pueden ser pequeños y casi imperceptibles a la vista, o evolucionar afectando incluso zonas muy extensas de la piel. Incluso su color no es el mismo para todos los sujetos: de hecho, el color de las manchas puede variar de amarillo a avellana, de marrón claro a marrón oscuro.

Los lentigos solares representan solo una mancha temporal de la piel y no tienen consecuencias patológicas. Generalmente, la opinión del dermatólogo no es imprescindible, teniendo en cuenta que muchas veces los mismos representan un fenómeno reversible: sin embargo, en el caso de que las manchas solares sean tan extensas que afecten la imagen del sujeto, la opinión del experto siempre es adecuada.

Incidencia

Los lentigos solares se presentan indistintamente tanto en hombres como en mujeres.

Aunque este trastorno también puede presentarse en niños y adultos jóvenes, se ha registrado que los lentigos solares -además de afectar a las zonas más expuestas al sol- se presentan con mayor frecuencia en personas mayores de cincuenta años. La piel de estas personas, de hecho, muestra una renovación celular más lenta que la de los jóvenes, debido a las exposiciones repetidas a la luz.

Causas

Los lentigos solares están ligados a una alteración de la melanogénesis, es decir a una modificación de los procesos que regulan la producción de melanina (pigmento que colorea la piel): se trata por tanto de una hipermelanosis (acumulación cutánea de melanina). Como la propia palabra nos recuerda, es el sol, por tanto, el desencadenante de los lentigos solares, ya que se trata de un envejecimiento prematuro de la piel.

Variantes

Además de los clásicos lentigos solares que se producen como consecuencia de una exposición solar excesiva e incorrecta (sin protección, por ejemplo), existe una forma particular de lentigo solar que se produce en pacientes que se someten a terapia PUVA durante periodos prolongados (generalmente, más de dos años).

La terapia PUVA es un tratamiento particular que se lleva a cabo en caso de enfermedades cutáneas particulares, como, por ejemplo, el vitíligo.

Se ha estimado que hasta un 25% de los pacientes que se someten a la mencionada terapia durante largos períodos de tiempo desarrollan esta variante de lentigo solar que, sin embargo, es histológicamente diferente del lentigo solar "clásico" causado por la exposición al sol.

Tratamiento

Si los lentigos solares no retroceden con el tiempo, el dermatólogo puede orientar al paciente en la elección de posibles terapias resolutivas, como peeling, láser, nitrógeno líquido, sustancias aclarantes y luz pulsada IPL.

Peeling químico

El peeling químico localizado de alta concentración se realiza mediante el uso de ácido tricloroacético (que quema las manchas solares), ácido retinoico o glicólico. El peeling es útil para eliminar la imperfección provocada por los lentigos solares: al eliminar las capas córneas superficiales se obtiene una regeneración de la piel. El tratamiento de peeling debe ser realizado por el dermatólogo directamente sobre el lentigo solar, con cuidado de no dañar la piel "sana" que rodea la mancha. En el lugar donde se realiza el peeling se forma una especie de película que al principio parece blanca y luego se vuelve roja porque la piel está estresada e irritada.

El peeling es un tratamiento bastante molesto para el paciente, pues siente una sensación de ardor, aunque sea momentánea. El resultado seguirá siendo satisfactorio.

Sustancias aclarantes

Las sustancias despigmentantes representan otro modelo de solución para los lentigos solares: la hidroquinona y el ácido kójico, asociados al ácido retinoico y glicólico (exfoliantes), representan una ayuda válida.

Láser

Otra técnica útil en la resolución de los lentigos solares es el láser, menos doloroso que el peeling. Sin embargo, es bueno recordar que el paciente afectado debe someterse a varias sesiones para la eliminación total de los lentigos, aunque en este sentido influye mucho la habilidad del dermatólogo que realiza la terapia. El láser incide sobre el pigmento melánico y la eliminación se realiza por vía transdérmica, ya que los macrófagos "incorporan" el exceso de melanina. Sin embargo, los efectos secundarios no faltan: en las 24 horas posteriores al tratamiento, la piel puede presentar hinchazón y enrojecimiento, que sin embargo son efectos completamente reversibles.

Nitrógeno líquido

La técnica que utiliza nitrógeno líquido para contrarrestar los lentigos solares (y las manchas de la piel en general) se llama crioterapia: a través de una herramienta particular, la piel se pone en contacto con nitrógeno líquido que, actuando a temperaturas muy bajas, permite crear una verdadera quemadura por frío que favorece la eliminación del mismo.

Luz pulsada IPL

Otra técnica decisiva para el tratamiento de los lentigos solares está representada por la luz pulsada IPL: la técnica consiste en el uso de luz pulsada -combinada con la ayuda de filtros especiales- que alcanza la melanina. A medida que la luz incide sobre el lentigo, se produce un oscurecimiento de la mancha: más tarde, el lentigo solar se vuelve más claro y luego se va despegando lentamente hasta quedar completamente transparente.

Dermoabrasión

La dermoabrasión es una técnica que permite la eliminación mecánica y controlada de las capas superficiales de la piel. Esta eliminación se realiza mediante el uso de herramientas especiales equipadas con micro-esferas de diamante o micro-cepillos de acero.

Por supuesto, la dermoabrasión debe ser realizada única y exclusivamente por personal médico especializado.

Al final del tratamiento, la piel sufre el clásico sangrado puntual y el paciente puede experimentar ardor, tensión e hinchazón en la zona tratada.

Aunque generalmente se tolera bien, la dermoabrasión es probablemente uno de los tratamientos más problemáticos para el paciente.

Micro-dermoabrasión

La microdermoabrasión es una técnica más suave que la mencionada dermoabrasión. También es capaz de eliminar los lentigos solares eliminando mecánicamente las capas superficiales de la piel. Para ello, la microdermoabrasión hace uso de herramientas especiales que aprovechan la acción de exfoliantes físicos particulares.

Aunque delicada y bien tolerada por la mayoría de los pacientes, la microdermoabrasión no está exenta de efectos secundarios: al final del tratamiento pueden aparecer enrojecimiento, dolor e irritación de la piel.

Diatermocoagulación

La diatermocoagulación es una técnica utilizada en el campo dermatológico que también puede ser utilizada en la eliminación de lentigos solares. La eliminación de estas imperfecciones se realiza mediante el uso de un equipo electroquirúrgico (diatermocoagulador).

Es un tratamiento más "agresivo" que los comentados hasta ahora que puede producir dolor y escozor y, por ello, se realiza con anestesia local.

En cualquier caso, aunque sea relativamente mínimamente invasiva, la diatermocoagulación es una verdadera intervención que, por tanto, sólo debe ser realizada por médicos especialistas.

Los posibles efectos secundarios derivados de este tratamiento consisten en: enrojecimiento, dolor, ardor e hinchazón. Las posibles complicaciones están representadas por la formación de cicatrices queloides o por hiper o hipopigmentación de las áreas tratadas.

Melasma y Cloasma

El melasma representa un caso típico de hiperpigmentación local de la piel, que afecta a zonas más o menos extensas de la epidermis. Es una patología cutánea que consiste en la aparición de manchas oscuras de color marronáceo (hipermelanosis) localizadas y distribuidas habitualmente en áreas expuestas al sol

En particular, el melasma ocurre principalmente en mujeres embarazadas, por lo que en estos casos se le llama "máscara de embarazo". Más generalmente, este trastorno de la piel se conoce como cloasma.

Afortunadamente, el melasma es sólo un trastorno cosmético y no conlleva ninguna consecuencia patológica, aunque puede ser un trastorno embarazoso y delicado porque, en cierto sentido, "desfigura" la imagen de la persona.

Incidencia

Como se mencionó, el melasma es una condición que afecta principalmente a mujeres (generalmente jóvenes y/o embarazadas), pero esto no significa que sea un trastorno puramente femenino. De hecho, se estima que el 10% de las personas con este trastorno de la pigmentación de la piel son hombres.

En general, el melasma se presenta con mayor incidencia en individuos de piel medio-oscura, pero no se puede descartar la posibilidad de que también ocurra en individuos de piel muy clara.

Causas

El término melasma designa una condición en la que el pigmento responsable del bronceado, la melanina, se acumula en la piel: los melanocitos, tras una alteración de los mecanismos de síntesis, producen una cantidad sobreabundante de pigmento melánico. Como resultado, la piel adquiere un aspecto manchado, con zonas -más o menos extensas- caracterizadas por hiperpigmentación.

Las causas que subyacen a la alteración de la síntesis de melanina aún no están del todo claras, pero ciertamente existen factores particulares que pueden constituir el "desencadenante" necesario para el desarrollo de esta forma de discromía.

Estos factores se describirán brevemente a continuación:

Factores hormonales
La manifestación del melasma puede ser desencadenada por factores hormonales y, en particular, por desequilibrios de las hormonas sexuales femeninas como los estrógenos.

Esto explica por qué el melasma suele afectar a las mujeres embarazadas. Cuando se presenta melasma en mujeres embarazadas, es más correcto hablar de máscara de embarazo o cloasma.

Sin embargo, incluso las mujeres que toman la píldora anticonceptiva o que siguen la terapia de reemplazo hormonal pueden experimentar melasma, ya que, incluso en este caso, hay una alteración del eje endocrino.

Factores genéticos
La predisposición genética juega un papel fundamental en la determinación del melasma.

Se ha demostrado, de hecho, que las personas con personas con melasma en su familia tienen más probabilidades de experimentar este trastorno de hiperpigmentación de la piel.

Sol y rayos UV

Se supone que, entre los principales desencadenantes, además de los desequilibrios hormonales, también está la exposición a los rayos UV que estimulan aún más la producción de melanina.

Además, la exposición al sol influye en la intensidad de la hiperpigmentación provocada por este trastorno: en los meses de inviernoel melasma no es muy evidente, a diferencia de los meses cálidos, en los que la perturbación aparece ya a las primeras exposiciones solares. Cabe señalar que en invierno el melasma, al ser una condición crónica, no puede desaparecer: lo que cambia es el color de las manchas, mucho más evidente en verano. En invierno, de hecho, la melanina ya no es estimulada por el sol y el color tiende a aclararse, para volverse más marcado en la estación cálida: el contraste entre las manchas oscuras del melasma y la piel aún no bronceada es claro, por lo tanto, evidente.

Estrés

Según algunas hipótesis, el estrés también podría favorecer el melasma: el estrés es el protagonista de la teoría psicosomática, según la cual las endorfinas y las encefalinas (péptidos opioides endógenos que libera el cerebro en caso de estrés) podrían favorecer la hiperproducción de melanina. Se establece así un círculo vicioso en el que el estrés desencadena la producción de opioides endógenos y también se convierte en una consecuencia (ya que la liberación de endorfinas y encefalinas agrava el estrés, que a su vez empeora el melasma). Según esta teoría, la hiperproducción anormal y excesiva de melanina sería atribuible a la excitación de terminaciones nerviosas en determinadas zonas, como consecuencia de largos y considerables períodos de estrés.

Otros factores

Otros posibles desencadenantes del melasma incluyen:

• Trastornos de la tiroides (parece, de hecho, que las personas con problemas de tiroides son más propensas a experimentar este trastorno de la pigmentación de la piel).

• Uso de sustancias cosméticas alergénicas o de mala calidad.

• Tomar ciertos tipos de medicamentos.

Signos y síntomas

Un signo característico del melasma (o cloasma, en mujeres embarazadas) es la aparición de manchas hiperpigmentadas en la piel.

Estas manchas, más o menos extensas, son generalmente de un color que va del marrón claro al marrón. Estas manchas hiperpigmentadas tienen una forma bastante irregular cuyos contornos no están muy definidos.

La cara, en general, es la zona más afectada, donde las manchas se localizan principalmente en la frente, mejillas, puente nasal y labio superior (distribución "mapa geográfico").

Sin embargo, hay casos en los que las manchas también se extienden hasta el cuello y detrás de las orejas. Muy raros -aunque posibles- los casos en los que las manchas afectan a brazos y piernas.

Estas manchas suelen ser asintomáticas y no provocan ningún tipo de molestia, salvo que representan un defecto cosmético decididamente indeseable e indeseable para la mayoría de las personas.

Tratamientos

El melasma puede durar algunos años o permanecer permanente. El trastorno cosmético, en algunos casos, es definitivamente evidente: en este sentido, existen algunos tratamientos dirigidos, destinados a despigmentar la zona afectada.

Antes de cualquier posible tratamiento, la opinión del médico es fundamental: los remedios para el melasma son efectivos en un tiempo relativamente largo; por lo tanto, es esencial ser constante en el tratamiento y no interrumpir repentinamente la terapia.

Los posibles remedios se pueden resumir en:

• **Ungüentos, cremas, geles con acción aclarante**: la hidroquinona y el ácido kójico interfieren en los procesos de pigmentación de la melanina. Existen, sin embargo, los efectos secundarios derivados del uso de estas sustancias: irritación, dermatitis e hipomelanosis permanente. Debido a la baja seguridad del uso de hidroquinona, el uso de la sustancia está prohibido en cosmética: solo los especialistas, dermatólogos y médicos pueden prescribir su uso. El ácido kójico, por el contrario, está permitido en cosmética, aunque se han comunicado casos de dermatitis o alergia de contacto tras la aplicación de la sustancia.

• **Micro-peeling**: representa el tratamiento más efectivo contra el melasma. El micro-peeling acelera la renovación celular para eliminar el exceso de melanina: la descamación estimula una nueva síntesis celular. En este tratamiento se utilizan sustancias como el ácido retinoico, el ácido glicólico y el ácido salicílico.

• **Tratamientos con láser**: el tratamiento con energía térmica contra el melasma favorece la despigmentación, porque actúa directamente a nivel del pigmento melánico, destruyéndolo. La terapia con láser debe ser realizada por un especialista, ya que es peligrosa: de hecho, si el tratamiento con láser no se realiza correctamente, pueden quedar cicatrices.

• **Cremas protectoras con filtros solares**: los filtros UVA y UVB protegen la piel de los rayos solares, que podrían agravar el melasma.

• **Cremas de cobertura**: más que un verdadero tratamiento, las cremas de cobertura simplemente ocultan la dolencia, sin aportar una resolución efectiva sobre el melasma. La elección de los cosméticos para las personas que padecen melasma debe ser más cuidadosa y escrupulosa, ya que se trata de una piel ya de por sí sensibilizada: los polvos, tierras y bases coloreadas deben ser de calidad y no estar formulados con sustancias irritantes que puedan agravar el melasma.

Consejos útiles

El tratamiento del melasma (o cloasma, según el caso) -si se realiza siguiendo escrupulosamente las indicaciones del dermatólogo- puede dar excelentes resultados. Sin embargo, para favorecer la eficacia del tratamiento y prevenir el empeoramiento o la recurrencia del trastorno, los dermatólogos generalmente recomiendan tomar algunas precauciones:

• Use protector solar todos los días. De hecho, los rayos UV siempre están presentes en la atmósfera, tanto en verano como en invierno, incluso cuando no estás expuesto al sol directamente. Dada la estrecha relación entre la exposición solar y el melasma, el uso de cosméticos con filtros solares altos (SPF 30 o superior) puede ayudar a prevenir el problema; o al menos, para evitar que empeore. Habitualmente, es recomendable elegir productos solares que además contengan filtros físicos que sean capaces de reflejar la radiación ultravioleta.

• Use ropa protectora, como sombreros y anteojos de sol, para protegerse de la acción de los rayos UV. Le recordamos, sin embargo, que el uso de ropa protectora no reemplaza el uso de protectores solares que, en cualquier caso, deben aplicarse.

•	Utilice cosméticos delicados y de calidad para el cuidado de la piel, con el fin de evitar la irritación y el estrés de una belleza ya sensible.

•	Evite la depilación con cera. La depilación con cera es un método para eliminar el vello no deseado que debe evitarse en áreas donde se presenta melasma o cloasma. De hecho, la depilación podría causar inflamación de la piel, empeorando así las manifestaciones de este trastorno. El dermatólogo podrá aconsejar al paciente sobre qué técnica adoptar para la eliminación del vello no deseado en las zonas afectadas por el melasma.

Manchas de irritación

Algunos químicos irritantes que se encuentran en algunos perfumes o cosméticos en general también pueden promover la aparición de manchas en la piel del rostro. Estas manchas, por tanto, se deben a la irritación y consecuente inflamación que se genera en la piel del rostro tras el contacto con estas sustancias.

Manchas y Patologías

Así como las uñas reflejan la salud de la persona, la piel también es capaz de expresar a través de algunas manifestaciones la presencia de un peligro o una perturbación para el organismo: de hecho, se ha registrado que sujetos que padecen disfunciones de las glándulas suprarrenales externamente la patología también con la aparición de manchas en la piel (ver: enfermedad de Addison). Lo mismo ocurre con los trastornos que afectan al hígado (como la cirrosis) o a la sangre (como la anemia) que pueden provocar diversos síntomas, entre ellos la aparición de manchas en la piel del rostro y del cuerpo en general.

En ocasiones, incluso el acné puede provocar la aparición de manchas rojas y antiestéticas en la piel del rostro, un problema muy común entre los adolescentes.

Aun así, afecciones como el vitíligo, la pitiriasis alba y la pitiriasis versicolor causan lo que comúnmente se conoce como manchas blancas en la piel.

Pecas y Efélides

Tanto las pecas como las efélides, se pueden describir como manchas en la piel del rostro que se producen por factores genéticos y hereditarios, pero que no deben confundirse entre sí ya que son diferentes en muchos aspectos.

Sin embargo, ambos tipos de manchas no representan una condición patológica, ya que no provocan ningún tipo de trastorno. Sin embargo, para muchas personas son consideradas como una auténtica mancha de la piel que hay que eliminar; mientras que, para otras, paradójicamente, constituyen un rasgo peculiar y distintivo que debe ser apreciado y valorado.

Tratamiento

Por supuesto, el tratamiento de las manchas en la piel del rostro varía según la causa que las haya provocado.

En el caso de que las manchas en la piel del rostro sean provocadas por una alteración temporal -como sucede, por ejemplo, en el caso de la mascarilla del embarazo- , en principio, no es necesario realizar ningún tipo de tratamiento, ya que la pigmentación de la piel volverá gradualmente a su estado original de normalidad.

En el caso de que las manchas en la piel del rostro estén provocadas por enfermedades de base, el tratamiento de estas últimas puede conducir a la resolución del trastorno de pigmentación de la piel. Desafortunadamente, esto no siempre sucede y, en algunos casos, las manchas en la piel de la cara permanecen, aunque la enfermedad que las provocó haya sido tratada adecuadamente.

También le recordamos que en el mercado existen una gran variedad de cosméticos diseñados para reducir las manchas oscuras que pueden aparecer en la piel del rostro. Al mismo tiempo, existen varios tratamientos de medicina dermoestética que pueden ayudar a eliminar las zonas hiperpigmentadas.

Cosméticos con acción aclarante y despigmentante

Los productos despigmentantes y aclarantes han adquirido un papel importante en el tratamiento de las imperfecciones: esta categoría de cosméticos es capaz de expresar su acción estimulando la renovación celular de la piel que ha adquirido un color diferente y, en ocasiones, ayudando a dificultar la síntesis de el pigmento melánico.

A menudo sucede que las personas que utilizan estos productos aclarantes no perciben resultados inmediatos, abandonando prematuramente el tratamiento: en realidad, para que estos cosméticos ejerzan su acción, el uso debe ser continuo en el tiempo.

La actividad despigmentante se ha encontrado en el regaliz, que parece capaz de inhibir la actividad de la enzima tirosinasa (responsable de la producción de melanina). El té verde y la manzanilla también parecen ser útiles para ayudar a resolver, o al menos aliviar, el problema de las imperfecciones.

La acción despigmentante del extracto de semilla de gayuba también es particular, gracias a su capacidad de inhibir la producción de melanina a través de la competencia de unión con los receptores de tirosinasa.

La hidroquinona, el ácido cítrico, el ácido láctico, el ácido glicólico, el ácido retinoico, el ácido azelaico, el a-tocoferol, el ácido kójico y el ácido ascórbico también se prestan como agentes despigmentantes.

Estos ingredientes se pueden incorporar a los cosméticos utilizados para ayudar a reducir las manchas oscuras en la piel.

No obstante, le recordamos la importancia de consultar con su médico y dermatólogo antes de recurrir al uso de productos similares, tanto para poder identificar con precisión la causa desencadenante de las manchas en la piel del rostro – y, por tanto, para definir mejor las más tratamiento adecuado- y evaluar la presencia de contraindicaciones para el uso de estos productos.

Tratamientos dermoestéticos

Si el uso de los citados cosméticos no es suficiente para eliminar las manchas cutáneas en la piel del rostro, se puede recurrir a diferentes tipos de tratamientos dermoestéticos que permiten la eliminación -más o menos profunda- de las capas superficiales de la piel, con el fin de eliminar todas las zonas de la piel caracterizadas por pigmentaciones alteradas. Entre estos recordamos:

* Peelings químicos
* Tratamientos con láser
* Microdermoabrasión
* Dermoabrasión
* Diatermocoagulación

Sin embargo, dichos tratamientos solo deben ser realizados por médicos que se especialicen en esta área y solo con el asesoramiento de su dermatólogo.

Remedios para manchas faciales

Las manchas en la cara son manchas desagradables que afean la imagen de la persona, dando al rostro un aspecto aparentemente enfermizo. Típico -pero no exclusivo- signo del envejecimiento cutáneo, las manchas en la piel del rostro suelen ser consecuencia del imparable avance del reloj biológico.

Con el tiempo, la actividad de los melanocitos (células utilizadas para la síntesis del pigmento melánico) se altera hasta el punto que la distribución de la melanina deja de ser uniforme: la piel de los ancianos se mancha debido a la alteración en los mecanismos de síntesis del pigmento. El envejecimiento fisiológico, sin embargo, no es el único responsable de las manchas en la piel.

Otros factores están involucrados en la formación de manchas en la piel de la cara: los rayos UV, el humo, el smog y las agresiones ambientales pueden debilitar la funcionalidad de los melanocitos, por lo tanto, predisponer al riesgo de manchas en la cara. Sin olvidar, pues, el protagonismo de hormonas en la manifestación de manchas en la piel: tanto es así que, precisamente por los cambios hormonales, las mujeres embarazadas y las que se acercan a la menopausia se quejan de este trastorno (ver cloasma o máscara del embarazo). Por último, las manchas en la piel del rostro también pueden reflejar algunas patologías, en primer lugar, la enfermedad de Addison, la diabetes tipo I y los cánceres de piel (por ejemplo, el melanoma).

Las manchas en la cara pueden ser de color oscuro o claro:

1.   Manchas en la piel: pecas, lentigos solares, lentigos seniles, pecas, melasma (mascarilla de embarazo)

2.   Manchas blancas en la piel: vitíligo, pitiriasis versicolor, manchas blancas causadas por infecciones fúngicas.

Qué hacer

•   Esperar y tener paciencia es sin duda el remedio más adecuado para las manchas en la cara típicas del embarazo: con toda probabilidad, tras el nacimiento del bebé o tras la lactancia, el melasma desaparece gracias al restablecimiento de los niveles hormonales.

•   Los productos cosméticos con acción despigmentante y aclarante son sin duda uno de los remedios más efectivos para combatir las manchas oscuras en la piel del rostro.

•   Aplicar cremas a base de vitamina E sobre la piel del rostro: el tocoferol es un potente antioxidante indicado para contrarrestar los radicales libres. En general, gracias a las propiedades antiinflamatorias y antirradicales, las cremas enriquecidas con vitaminas u otros antioxidantes son capaces de prevenir los daños causados por el estrés oxidativo.

•   Productos de cobertura (por ejemplo, base de maquillaje): aunque no actúan directamente sobre la causa, los cosméticos con acción de cobertura son muy efectivos para camuflar las imperfecciones de la piel, como las manchas en la cara.

•   Prefiere limpiadores suaves y no agresivos para la limpieza facial y corporal.

• Reforzar las defensas inmunitarias: el estrés, las alergias estacionales y las enfermedades gripales pueden afectar negativamente a las manchas blancas del rostro, haciendo aún más evidente el trastorno.

Qué no hacer

• Expóngase al sol inmediatamente después del tratamiento con agentes exfoliantes.

• Exponerse al sol sin protector solar adecuado para su tipo de piel.

• Aplicar cosméticos/fármacos despigmentantes sobre la piel durante el embarazo: algunas sustancias (por ejemplo, los retinoides) son teratógenos potenciales, capaces de inducir malformaciones graves en el feto.

• Utilizar limpiadores agresivos y de mala calidad para la higiene facial y corporal.

• Suspender un tratamiento hormonal (causa hipotética de las manchas en la cara) sin consultar antes a su médico.

• Tome medicamentos (por ejemplo, Foscan, Photobarr, Visudyne) o sustancias fotosensibilizantes (por ejemplo, hierba de San Juan, bergamota, comino, anís estrellado, kava kava) antes de someterse a un tratamiento con láser para eliminar algunas manchas oscuras de la piel.

Qué comer y qué NO comer

•   Se recomienda seguir una dieta sana, equilibrada, rica en frutas, verduras y baja en grasas.

Curas y remedios naturales

La naturaleza también puede ayudar a aliviar las desagradables imperfecciones de la piel, como las manchas oscuras en la cara. Para ello, se pueden formular compresas, cremas u otros productos de cosmética natural (de aplicación tópica) con:

•   Regaliz (Glycyrrhiza glabra): las propiedades despigmentantes del ácido glicirrético se utilizan para remediar las antiestéticas manchas oscuras de la piel. Los principios activos extraídos del regaliz inhiben la actividad de la enzima tirosinasa (que controla la biosíntesis de melanina en los melanocitos epidérmicos).

•   Té verde (Camellia sinensis): la aplicación tópica de los extractos de té verde es un remedio natural contra las manchas de la piel gracias a la acción inhibidora que ejerce a nivel de la enzima tirosinasa.

•   Manzanilla (Matricaria recutita): aplicada sobre la piel, la manzanilla está indicada como remedio contra las manchas oscuras en el rostro porque puede debilitar el proceso que conduce a la melanogénesis estimulada por los rayos UV. La manzanilla no tiene efecto sobre la enzima tirosinasa.

*   Uva ursina (Arctostaphylos): del extracto de sus semillas se obtiene la arbutina, sustancia considerada capaz de inhibir la producción de melanina mediante la unión a la competencia con los receptores de tirosinasa.

*   Baños de leche de burra (tratamiento cosmético realizado en centros de bienestar)

Tratamiento farmacológico bajo orden médica

*   Tratamiento despigmentante con tretinonina, un derivado retinoico no utilizable en cosmética por su efecto teratogénico.

*   Tratamiento con ácido azelaico contra el melasma y las pecas.

*   Tratamiento con cremas antifúngicas para combatir las manchas blancas en la piel causadas por infecciones fúngicas. Los ingredientes activos más adecuados son: miconazol, ciclopirox, clotrimazol, ketoconazol.

Tratamientos cosméticos que requieren opinión médica

*   Exfoliantes químicos (alfa y beta hidroxiácidos): ácido láctico, ácido kójico, ácido mandélico, ácido salicílico, ácido tartárico, ácido glicólico.

•   Polihidroxiácidos (por ejemplo, ácido lactobiónico y gluconolactona), indicados para aclarar las manchas oscuras de la piel.

Tratamientos médicos

Los tratamientos médicos para remediar las antiestéticas manchas oscuras del rostro como las pecas, las pecas y los lentigos solares son:

•   Terapia con láser: actúa directamente a nivel de los melanocitos, destruyéndolos sin causar, sin embargo, consecuencias negativas para el tejido tratado.

•   Diatermocoagulación con el equipo electroquirúrgico: provoca la destrucción literal de los tejidos gracias a un estímulo de corriente de alta frecuencia

•   Crioterapia: Tratamiento médico alternativo para eliminar las manchas oscuras de la piel como las pecas. Aplicado directamente sobre la mancha oscura, el nitrógeno líquido utilizado en el tratamiento induce una quemadura por frío. De esta forma, la mancha desaparece dejando una pequeña cicatriz que sin embargo se resuelve en poco tiempo.

•   Cuando las manchas blancas en la cara reflejan una patología metabólica como diabetes o trastornos de la tiroides, se recomienda encarecidamente que se lleve a cabo una terapia específica para el trastorno subyacente lo antes posible.

Capítulo 6
Mascarillas faciales caseras

Las mascarillas caseras son tratamientos de belleza relativamente fáciles de preparar. Desde arcilla hasta fresas, desde pepino hasta yogur, desde miel hasta limón y la calabaza, hay varias combinaciones de ingredientes que se pueden usar para crear una mascarilla facial que puedes hacer usted misma.

Beneficios

Las mascarillas faciales de bricolaje - y, en general, todo tipo de mascarillas faciales - son tratamientos de belleza muy ventajosos ya que la piel se beneficia en varios frentes:

• Se aprovechan las propiedades físico-químicas de los ingredientes funcionales contenidos en el producto.

• La acción mecánica superficial ejercida durante la retirada de la mascarilla facial favorece la eliminación de las células córneas superficiales, haciendo así la piel más luminosa, purificada y tersa.

• Estos tratamientos de belleza favorecen la absorción de otros principios activos y nutrientes aplicados inmediatamente después de la mascarilla facial.

•   Dan una agradable percepción regeneradora a la piel.

Además de lo que se acaba de decir, las mascarillas caseras tienen otra ventaja frente a las mascarillas que se pueden comprar en perfumerías o las que se hacen en los centros de estética, es decir, son económicas, ya que, con pocos y sencillos ingredientes, fácilmente disponibles y a un costo bajo, son suficientes para hacerlas.

Indicaciones

Las mascarillas caseras pueden ser útiles en todos aquellos momentos en los que la piel del rostro necesita un tratamiento de choque que la devuelva a sus condiciones óptimas.

Dependiendo de los ingredientes utilizados en la fase de preparación, es posible obtener mascarillas faciales adecuadas para el tratamiento de diversos "trastornos" e imperfecciones que pueden alterar la piel del rostro.

En detalle, las mascarillas de bricolaje son particularmente útiles en caso de:

•   Piel seca o muy seca
•   Piel con tendencia a descamarse
•   Piel opaca
•   Piel impura, con poros dilatados, puntos negros y/o con tendencia acneica
•   Piel poco elástica y que muestra los primeros signos de la edad.

Cómo usar una mascarilla facial casera

La forma de utilizar las mascarillas caseras es bastante trivial, pero para conseguir el efecto deseado es necesario poner en práctica algunos pequeños trucos.

En primer lugar, antes de aplicar la mascarilla, es necesario limpiar suavemente la piel, eliminando cualquier residuo de maquillaje, sudor y suciedad mediante una adecuada limpieza del rostro.

La limpieza se puede realizar con desmaquillantes especiales, limpiadores faciales delicados o con agua micelar.

Después de secar cuidadosamente el rostro con un paño suave (se recomiendan compresas con toallas de algodón), es una buena idea relajarse y eliminar el estrés diario para disfrutar plenamente de la sensación de relajación y bienestar que proporciona este tratamiento de belleza.

La mascarilla debe aplicarse en el rostro con un cepillo de cerdas suaves, o con la yema de los dedos, teniendo cuidado de masajear suavemente la piel.

Transcurrido el tiempo de exposición (normalmente, variable de 5 a 15 minutos), se debe retirar la mascarilla con agua tibia. Si se desea, esta operación se puede realizar con la ayuda de una esponja suave.

Después de retirar el producto del rostro, para prolongar el efecto purificante, hidratante, emoliente o aclarante de la mascarilla, se recomienda aplicar una generosa capa de crema (nutritiva, antiarrugas, emoliente, antiedad, etc.) para mantenerla hidratada y radiante.

Por ejemplo:

•	La aplicación de una crema antiacné formulada con principios activos de acción purificante y astringente está indicada después de una mascarilla casera de arcilla para mejorar el aspecto de las pieles grasas e impuras.

•	Una crema de ácido hialurónico es especialmente eficaz después de aplicar una mascarilla antiedad casera para hidratar en profundidad la piel madura, al tiempo que contrasta la formación de pequeñas arrugas.

•	Una crema de ácido glicólico está indicada en el tratamiento de las manchas de la piel después de la aplicación de una mascarilla casera con acción aclarante (preparada por ejemplo con fresas, uvas u otras frutas particularmente ricas en ácido málico).

Preparación

Para preparar una mascarilla facial necesitas ideas claras. En primer lugar, es importante conocer su tipo de piel (piel sensible, normal, grasa, seca, etc.), en consecuencia, elegir la base (vehículo) en la que se dispersarán los demás ingredientes funcionales. La elección de los activos también es importante y debe estar subordinada al efecto deseado.

Elección del vehículo

Como se mencionó, la elección del vehículo en el que dispersar los ingredientes activos depende de su tipo de piel. Una mascarilla facial hecha con una base incompatible con su tipo de piel, de hecho, podría dar lugar a resultados contraproducentes, además de resultar completamente inútil.

Como base para una mascarilla facial, podemos elegir entre:

•	**Arcilla** (blanca, roja, verde): está especialmente indicada para el tratamiento de pieles grasas y con tendencia acneica. Las arcillas blancas también se pueden utilizar para pieles sensibles. Además de ser un vehículo en el que disolver las sustancias activas, en algunos casos, la arcilla puede constituir por sí misma el principal ingrediente activo.

•	**Yogur**: las mascarillas caseras con yogur son sin duda las más indicadas para pieles sensibles y delicadas. A menudo, las mascarillas de yogur están enriquecidas con miel (suavizante) y/o aceite de oliva (propiedades protectoras y restauradoras del sebo).

•	**Fruta**: los ácidos de frutas revitalizan la piel a la vez que actúan como excelentes aclarantes para eliminar o aclarar las manchas hiperpigmentadas. Generalmente, la pulpa de frutas (fresas, uvas, manzanas, etc.) se asocia con avena o muesli, útiles tanto para "secar" el líquido de la fruta como para potenciar la acción exfoliante que ejercen los alfa-hidroxiácidos contenidos en la pulpa.

Elección de ingredientes activos y sustancias funcionales.

Los principios activos a incorporar al vehículo varían según el efecto deseado.

Los productos naturales que se pueden utilizar son realmente muchos: agua de rosas, agua de azahar, aceite esencial de lavanda, rosa, naranja amarga, cera líquida de jojoba, manzanilla, té negro, gel de aloe vera, etc. Necesita imaginación y un conocimiento general de las virtudes terapéuticas de los extractos de plantas para hacer mascarillas faciales caseras.

Ejemplos de mascarillas faciales caseras

Las mascarillas "do-it-yourself" son recetas cosméticas totalmente naturales, para elaborar cómodamente en casa, de forma rápida, sencilla y económica.

Arcilla, cítricos, vegetales refrescantes y yogur natural son los ingredientes básicos de las mascarillas faciales caseras. Veamos, por tanto, algunos ejemplos de recetas para preparar sencillas mascarillas faciales caseras: estos preparados cosméticos de belleza no son todos iguales y la elección del tratamiento debe subordinarse al tipo de piel y a la imperfección/problema que hay que tratar.

- **Máscaras de arcilla**

Las mascarillas faciales de arcilla son muy fáciles de hacer, mucho más de lo que piensa.

Muchas mujeres (e incluso muchos hombres) piden cita con la esteticista para hacerse una mascarilla de arcilla, creyendo erróneamente que se necesita mucha experiencia para llevar a cabo un tratamiento de belleza así. En realidad, la receta de una mascarilla de arcilla es bastante sencilla: la arcilla se consigue fácilmente en herbolarios, perfumerías o tiendas especializadas. El mayor obstáculo, en estos casos, no es tanto la preparación de la mascarilla en sí, sino la elección del tipo de arcilla más adecuado para su tipo de piel.

Por ejemplo, mientras que la piel sensible requiere arcillas delicadas (arcilla blanca), útiles para calmar y suavizar la piel, las pieles con tendencia acneica pueden mejorarse con mascarillas de arcilla verde. De lo contrario, la piel apagada del rostro necesita tonificarse y revitalizarse: para ello, las mascarillas caseras con arcilla rosa son las más adecuadas.
En este punto, después de haber identificado el tipo de arcilla más adecuado, puede proceder con la preparación de la máscara de bricolaje.

A continuación, se muestran dos ejemplos de recetas para hacer diferentes mascarillas faciales de arcilla caseras.

Mascarilla de arcilla anti-acné
Como hemos comentado, la arcilla verde es la más indicada para pieles con tendencia acneica. Sin embargo, incluso la arcilla roja es capaz de ejercer una acción purificadora de la piel, pero más delicada que la arcilla verde.

- En esta receta se propone la creación de una mascarilla antiacné con arcilla roja.

Ingredientes
- 30 g de arcilla roja, aproximadamente una cucharada (propiedades antiacné y depurativas de la piel)
- 2 cucharaditas de avena (propiedades exfoliantes)
- 3 cucharadas de agua de rosas (propiedades astringentes)
- 1 gota de aceite esencial de rosa (propiedades antisépticas y aromáticas)
- 1 gota de aceite esencial de incienso (propiedades antimicrobianas, estimulantes y revitalizantes. Además, la esencia se utiliza como cicatrizante natural e inmunoestimulante)
- 1 gota de aceite esencial de naranja amarga (propiedades aromatizantes, antisépticas y estimulantes de la microcirculación)

Preparación
- Mezcle la arcilla y la avena con bastante fuerza. Agrega el agua de rosas y mezcla todo hasta obtener una mezcla homogénea.
- A continuación, agregue los demás ingredientes uno por uno, sin dejar de mezclar.
Extender la mezcla sobre la piel del rostro, evitando extender la mascarilla sobre los labios y alrededor de los ojos.
- Acuéstese y relájese durante 15 minutos.
- Retira la mascarilla casera con agua tibia y aplica una crema específica para el acné.

- Mascarilla de arcilla para pieles secas, sensibles y cansadas

En esta receta te proponemos el uso de arcilla blanca, la más delicada de todos los tipos de arcilla.

<u>Ingredientes</u>
- 30 g aprox. de arcilla blanca
- 3 cucharadas de agua de azahar (actividad tonificante y regeneradora de la piel)
- 1 cucharadita de cera de jojoba líquida (propiedades antioxidantes, emolientes, protección solar)
- 2 gotas de esencia de manzanilla (propiedades antisépticas, antiinflamatorias y calmantes)
- 2 gotas de aceite esencial de naranja (propiedades aromatizantes, tónicas, antisépticas y estimulantes de la microcirculación)

<u>Preparación</u>
- En un bol de plástico o cerámica (evitar los de metal) añadir el agua de azahar a la arcilla, y mezclar bien hasta obtener una masa espesa.
- Luego, agregue lentamente todos los demás ingredientes, uno a la vez, sin dejar de mezclar.
- Extienda la mascarilla casera sobre el rostro y el cuello, evitando el área de los labios y los ojos.

Dejar actuar durante 15 minutos.
- Enjuagar con agua tibia y, después de secar el rostro, aplicar un tónico y/o una crema específica para pieles sensibles.

Mascarilla exfoliante

La acción emoliente y antioxidante de la miel se puede combinar con sustancias suavemente abrasivas como la fécula de patata o la avena para obtener una mascarilla facial casera con acción exfoliante.

Es posible agregar unas gotas de jugo de limón para fortalecer la acción abrasiva (dada por el ácido málico contenido en el limón) de la mascarilla facial.

Para preparar este producto de belleza, basta con mezclar una cucharada de fécula de patata (o avena si se quiere una acción más vigorosa), 1 cucharada de miel y un poco de zumo de limón, en la cantidad justa hasta obtener una masa suave y untable.

Aplicar el producto sobre la piel limpia y seca con movimientos circulares (para favorecer la acción exfoliante); dejar actuar durante unos diez minutos. Transcurrido el tiempo necesario, retirar suavemente con agua tibia.

Mascarilla refrescante

Las mascarillas caseras de pepino, que además son muy fáciles de preparar, son refrescantes y purificantes. El pepino es, de hecho, una hortaliza utilizada desde la antigüedad para purificar en profundidad las pieles imperfectas y grasas, proporcionando una agradable sensación de frescor. La pulpa de pepino combina perfectamente con arcilla blanca y yogur blanco. La mascarilla facial casera de pepino se puede enriquecer con aceite esencial de menta o con trozos de hojas de menta.

Veamos cómo se preparan las dos mascarillas de pepino.

- Mascarilla de pepino y arcilla blanca

Para preparar una mascarilla casera refrescante y calmante, apta para todo tipo de pieles, proceda de la siguiente manera:

- Mezcle la pulpa de un pepino junto con unas veinte hojas de menta. Deje reposar la mezcla durante 5 minutos antes de filtrar todo.
- Pasado este tiempo, mezclar el filtrado con una cucharada de arcilla blanca, hasta formar una crema viscosa y pegajosa con la densidad adecuada.
- Aplicar y dejar actuar de 10 a 15 minutos. Luego enjuague con agua.

Esta mascarilla facial casera está diseñada para refrescar la piel después de un día estresante y agotador.

- Mascarilla de pepino y yogur

Cuando no tenga arcilla blanca, la mascarilla de pepino se puede hacer usando yogur natural en lugar de arcilla.

En este caso, sin embargo, la pulpa de pepino mezclada con las hojas de menta forma una mezcla bastante fluida: aplicándola directamente sobre la piel, esta "máscara" gotearía porque es demasiado líquida. Por lo tanto, para formar una crema espesa, es necesario agregar un poco de harina blanca o, si también desea aprovechar el efecto exfoliante, harina de avena o espelta.

Mascarillas de frutas

La fruta licuada o despulpada puede transformarse pronto en una excelente mascarilla casera con acción energizante, tonificante, hidratante, suavizante y estimulante.

Frutas como los melocotones, los plátanos y los albaricoques son especialmente ricas en azúcares y, por ello, son adecuadas para preparar mascarillas caseras con acción suavizante e hidratante. Fresas y uvas, muy ricas en ácido málico y otros alfahidroxiácidos, puede ser la base de mascarillas caseras con acción aclarante: si se añaden un par de cucharadas de avena o muesli en polvo a la pulpa de la fruta, la mascarilla facial se convierte en un eficaz tratamiento cosmético natural de acción alisadora.
Las mascarillas caseras de frutas también cuentan con propiedades remineralizantes: recuerde, de hecho, que minerales como el zinc, el selenio y el potasio abundan en muchas frutas. Por no hablar de la concentración de vitaminas (especialmente ácido ascórbico) en frutas, especialmente cítricos.

Mascarilla antiedad

Una mascarilla casera hecha con yogur, miel y aceite de oliva es la receta ideal para suavizar y nutrir las pieles secas, agrietadas y maduras, ya que:

•	La miel suaviza la piel, la hace más elástica y reafirma: es un principio activo especialmente indicado para preparar mascarillas caseras con acción emoliente, reparadora y antioxidante.

•	El yogur, una excelente base para hacer mascarillas faciales caseras, tonifica la piel dejando una agradable sensación refrescante. El yogur tiende a ser bastante fluido, por lo que a menudo se combina con una parte de harina (o almidón) que hace que la mezcla sea más densa y fácil de untar.

•	El aceite de oliva, que ejerce propiedades antiarrugas, seborreparadoras, nutritivas y protectoras, se revela como un excelente ingrediente natural (fácilmente disponible) para preparar mascarillas caseras con acción antiedad y antiarrugas.

Máscara de calabaza

Las mascarillas faciales Pumpkin están indicadas para hidratar, alisar y purificar la piel en profundidad.

La preparación de este tratamiento facial natural es muy sencilla:

•	Después de cocinar al vapor (u hornear) la calabaza y las semillas, tritura una parte de la pulpa mezclándola con una parte de sus semillas y una cucharada de miel.

•	Aplicar la mezcla obtenida sobre el rostro y dejar actuar de 10 a 15 minutos, luego proceder con el enjuague.

Tras la aplicación de esta mascarilla, la piel del rostro aparece visiblemente más limpia e hidratada. Las mascarillas de calabaza también son un remedio natural ideal contra las quemaduras solares.

Mascarilla de clara de huevo y limón

Las mascarillas caseras con clara de huevo y zumo de limón son muy útiles para ejercer una acción purificante y regeneradora sobre la piel. El método de preparación es sencillo:

• Separar la clara de huevo de la yema de un huevo y - con la ayuda de un tenedor - batir la clara de huevo hasta obtener una consistencia "espumosa".

• Luego, agregue el jugo de limón a la clara de huevo batida. Luego continúe batiendo la mezcla hasta obtener una espuma.

• Aplicar la mezcla así obtenida sobre el rostro y dejar actuar 15 minutos. Pasado este tiempo, limpie bien con agua tibia.

Además, según muchos, esta mascarilla facial de clara de huevo también es capaz de ejercer una acción recompactante, muy útil para pieles maduras.

La yema de huevo, por otro lado, se usa principalmente en la creación de mascarillas faciales caseras con acción nutritiva, dentro de las cuales a menudo se mezcla con miel, aceite de oliva y jugo de limón.

Conclusiones

Los que acabamos de describir son solo algunos de los innumerables ejemplos de mascarillas faciales que puedes hacer tú mismo en casa.

Según el tipo de piel y la imperfección a curar, puede divertirse (y relajarse) diseñando pequeñas creaciones cosméticas completamente naturales y beneficiosas para el cuerpo y la mente.

La única recomendación es tener cuidado al agregar aceites esenciales a la arcilla, al yogur o a la fruta: las esencias, de hecho, si se usan en cantidades excesivas, pueden sensibilizar la piel y transformar las mascarillas faciales caseras en preparaciones terriblemente irritantes.

Claramente, las personas alérgicas a los aceites esenciales deben evitar embellecer las mascarillas faciales caseras con esencias. Al mismo tiempo, en caso de alergia a alguno de los ingredientes presentes en las recetas mencionadas, estos productos no deben añadirse a las mascarillas caseras (posiblemente se pueden sustituir por ingredientes con propiedades similares)

#####